Auteur :
Giulio Russo
www.giuliorusso.com

I0074787

Introduction

Bienvenue dans le meilleur livre consacré à l'art de la vente, un guide basé sur l'expérience d'un vendeur ayant une décennie d'expérience dans le secteur: Giulio Russo. Ces pages représentent un concentré de connaissances et de compétences acquises au fil des ans, un voyage à travers les principaux aspects qui caractérisent le monde des ventes.

La vente est l'une des activités les plus dynamiques et stimulantes, mais aussi gratifiantes, que l'on puisse entreprendre. C'est un monde où la capacité de communiquer, de persuader et de comprendre le client joue un rôle central. Mais ce n'est pas seulement une question de mots ou de savoir argumenter ; la vente implique également la capacité de créer des relations authentiques, de transmettre confiance et de respecter les normes éthiques les plus élevées.

Ce livre est le résultat de nombreuses années d'expérience sur le terrain et d'apprentissage constant. Nous explorerons ensemble les thèmes fondamentaux de la vente, résumés de manière simple et compréhensible pour tous, tels que :

Mots à Éviter : Nous apprendrons à reconnaître les mots qui peuvent compromettre la vente et à les remplacer par un langage plus efficace.

L'Importance du Langage Positif : Nous découvrirons comment le langage positif peut influencer positivement l'attitude du client et augmenter les chances de succès.

Empathie et Connectivité : Nous verrons comment développer l'empathie et utiliser des mots qui démontrent une compréhension et un intérêt sincères pour le client.

Persuasion dans les Messages de Vente : Nous explorerons l'art d'utiliser des mots persuasifs pour créer un sentiment d'urgence et augmenter l'attrait de l'offre.

Gestion des Objections : Nous apprendrons à gérer les objections avec confiance, en utilisant des mots qui transmettent compétence et respect.

Ponctualité et Fiabilité : Nous reconnaîtrons l'importance d'être ponctuels et fiables dans le respect des promesses faites aux clients.

Personnalisation du Produit ou Service : Nous découvrirons comment personnaliser ce que nous offrons pour mieux répondre aux besoins des clients.

L'Importance d'Éviter les Blagues Inappropriées : Nous explorerons l'éthique et le professionnalisme dans l'interaction avec les clients, en évitant les blagues offensantes ou inappropriées.

Apparence Extérieure et Première Impression : Nous conclurons avec l'importance de l'apparence physique, du vêtement approprié et des accessoires dans votre présentation personnelle.

Dans ce livre, vous trouverez des exemples pratiques, des conseils et des stratégies qui vous aideront à améliorer vos compétences de vente et à construire des relations de confiance avec les clients. Mon objectif est de vous fournir un outil utile et pratique pour exceller dans le domaine des ventes.

J'espère que cette lecture vous sera très bénéfique et qu'elle pourra vous inspirer à atteindre le succès dans ce monde.

Bonne lecture et bonnes ventes !

Chapitre 1 - Mots Négatifs à Éviter

Dans le monde délicat de la vente, les mots peuvent être comme des flèches qui atteignent leur cible ou comme des boomerangs qui reviennent contre vous. Éviter l'utilisation de mots négatifs est fondamental pour maintenir une connexion positive avec le client et assurer le succès de la négociation.

Tout d'abord, excluez de votre vocabulaire des mots comme "problème". Ce mot peut générer de l'anxiété et de la résistance chez les clients, les poussant à percevoir votre produit ou service comme une source d'inconvénients plutôt que de solutions. En alternative, remplacez "problème" par "défi", transformant un obstacle en une opportunité de croissance.

Un autre terme à éviter est "défaut". L'utilisation de ce mot peut affaiblir la perception du client sur votre produit ou service. Utilisez plutôt des expressions comme "caractéristique améliorable" pour souligner la possibilité d'apporter des améliorations et démontrer votre ouverture à la perfection continue.

Évitez aussi le mot "échec". Sa présence peut déclencher la peur chez l'utilisateur, mettant en question la fiabilité de votre produit ou service. Optez pour "leçon apprise" pour transmettre la volonté d'apprendre des erreurs passées et de s'améliorer constamment.

De même, soyez prudent dans l'utilisation de mots comme "insoutenable" ou "impossible". Ces mots peuvent suggérer des limitations et décourager le client. Au lieu de déclarer que quelque chose est impossible, utilisez des termes comme "exigeant" ou "nécessitant un effort" pour mettre en évidence l'opportunité de surmonter les obstacles avec dévouement et effort.

Évitez également des termes comme "coûteux". Ce mot pourrait faire percevoir le prix comme un fardeau plutôt qu'un investissement. Remplacez-le par "investissement" pour souligner la valeur à long terme du produit ou service que vous présentez.

Le terme "compliqué". Ce mot peut susciter des craintes dans l'esprit du client, lui faisant percevoir votre produit ou service comme excessivement difficile à comprendre ou à utiliser. Remplacez "compliqué" par "simple" pour transmettre l'idée que votre produit est intuitif et facilement accessible.

L'utilisation de "exigeant". Ce mot peut faire sentir le client surchargé ou stressé. À sa place, utilisez "engageant" pour indiquer que l'expérience avec votre produit ou service sera engageante et gratifiante.

Soyez prudent dans l'utilisation de "limité". Dans certains cas, ce mot peut générer de l'anxiété chez le client, lui faisant penser qu'il perd une opportunité unique. Au lieu de "limité", utilisez des expressions comme "exclusif" ou "offre spéciale" pour créer un sentiment de valeur sans générer de hâte indésirable.

Évitez l'utilisation de "obligatoire". Ce mot peut faire sentir le client contraint ou sous pression. Optez pour "recommandé" ou "opportun" pour suggérer une action sans exercer une pression excessive.
Conclusion :

Rappelez-vous que le langage négatif peut influencer considérablement la perception du client, affectant sa décision d'achat. Naviguer avec prudence à travers la mer des mots est essentiel pour créer une expérience de vente positive et durable. Soyez conscient des mots que vous utilisez et transformez la manière dont vous communiquez pour construire des connexions plus fortes et obtenir du succès dans vos ventes. La page suivante se concentrera sur d'autres mots à éviter et fournira des stratégies pour un langage gagnant.

Chapitre 2 - L'Importance du Langage Positif

Le langage que nous adoptons lors d'une négociation de vente est comme un pinceau qui peint l'image de notre offre dans l'esprit du client. Dans ce contexte, l'utilisation d'un langage positif est fondamentale et peut faire la différence entre une vente réussie et un client qui s'éloigne. Explorons l'importance du langage positif dans la vente et comment il peut influencer positivement l'expérience globale du client.

Tout d'abord, le langage positif crée un environnement accueillant et favorable. Lorsqu'un vendeur utilise des mots et des phrases positifs, il crée une atmosphère qui met le client à l'aise. Par exemple, au lieu de dire "Ne vous inquiétez pas, vous n'aurez pas de problèmes avec notre produit", le vendeur pourrait opter pour "Vous serez surpris de la facilité avec laquelle notre produit s'intègre dans votre quotidien". Cette petite variation transmet confiance et optimisme.

De plus, le langage positif aide à créer un lien émotionnel entre le vendeur et le client. L'empathie est fondamentale dans la vente, et les mots positifs peuvent contribuer à établir une connexion plus profonde. Par exemple, un vendeur pourrait dire "Je comprends combien il est important pour vous de trouver la bonne solution", démontrant une compréhension empathique des besoins du client.

Le langage positif a également le pouvoir de transformer les objections en opportunités. Lorsqu'un client soulève une préoccupation ou un doute, un vendeur qui utilise un langage positif peut aborder la situation de manière constructive. Au lieu de répondre par une défense, il pourrait dire "J'apprécie votre attention aux détails. Je tiens à vous assurer que nous sommes ici pour résoudre toute préoccupation que vous pourriez avoir". Cette réponse non seulement aborde l'objection mais renforce également la confiance du client dans le processus.

Un autre aspect important est que le langage positif peut influencer la perception de la valeur. En utilisant des mots comme "avantage", "succès" et "solution", le vendeur peut communiquer efficacement les bénéfices du produit ou service. Par exemple, au lieu de dire "Ce produit est moins cher que les autres", le vendeur pourrait affirmer "Ce produit offre un rapport qualité-prix incroyable".

Un exemple pratique de l'importance du langage positif peut être observé dans la vente de produits technologiques. Au lieu de souligner les lacunes d'un appareil, un vendeur pourrait se concentrer sur ses points forts et sur les expériences positives qu'il peut offrir au client. Cette approche non seulement incite le client à considérer positivement le produit, mais crée également un impact durable sur la perception de la marque.

Conclusion :

Le langage positif est un allié puissant dans la boîte à outils de chaque vendeur. Le choix soigneux des mots peut transformer une interaction de transaction ordinaire en une expérience mémorable. La prochaine fois que vous vous trouverez dans la salle des ventes, rappelez-vous le pouvoir des mots et comment une approche positive peut ouvrir des portes qui autrement resteraient fermées.

Chapitre 3 - Se Synchroniser avec le Client

Dans le domaine des ventes, la capacité de se synchroniser avec le client émerge comme l'un des facteurs critiques qui séparent les vendeurs moyens de ceux extraordinaires. Ce chapitre explore l'importance de cette synchronisation et fournit des stratégies pratiques pour créer des connexions significatives avec les clients.

L'Importance de la Synchronisation avec le Client :

Se synchroniser avec le client va bien au-delà de la simple communication ; c'est le processus de comprendre profondément les besoins, les désirs et même les peurs du client. Lorsqu'un vendeur est véritablement synchronisé, il peut adapter sa présentation de manière ciblée, créant une expérience personnalisée qui résonne avec le client.

Un client se sentira plus enclin à faire affaire avec quelqu'un qui démontre un intérêt authentique pour lui ou elle. La synchronisation avec le client est un signe de respect et d'attention, éléments clés pour construire des relations durables. Elle crée un terrain propice à la confiance mutuelle, qui est le fondement de toute transaction réussie.

Comment Se Synchroniser avec le Client :

1. Écoute Active :

Une façon fondamentale de se synchroniser avec le client est de pratiquer l'écoute active. Ne vous contentez pas d'entendre les mots du client, mais cherchez à comprendre le sens sous-jacent. Fournissez des retours, en répétant ou en paraphrasant ce que le client a dit, démontrant ainsi que vous avez véritablement saisi le message.

Exemple : Si un client exprime des préoccupations sur la

durée de la batterie d'un produit, répondez avec empathie : "Je comprends combien il est important pour vous d'avoir un produit avec une batterie fiable. Je peux vous assurer que notre produit a été conçu pour offrir des performances optimales, même en termes de durée de la batterie."

2. Posez des Questions Ouvertes :

Utilisez des questions ouvertes pour encourager le client à partager plus de détails sur sa situation et ses besoins. Cela fournit non seulement des informations précieuses, mais montre aussi que vous cherchez à comprendre pleinement sa perspective.

Exemple : Au lieu de demander "Avez-vous besoin de quelque chose en particulier ?", essayez "Puis-je vous demander quelles sont vos principales priorités en ce moment ? De cette façon, je peux vous conseiller le produit le plus adapté à vos besoins."

3. Observez les Signaux Non Verbaux :

La communication non verbale est tout aussi importante que les mots eux-mêmes. Observez le langage corporel, les gestes et les expressions faciales du client pour saisir des nuances de signification qui pourraient ne pas émerger verbalement.

Exemple : Si un client semble hésitant en parlant d'un certain produit, vous pourriez demander délicatement : "J'ai remarqué que vous semblez avoir quelques doutes. Puis-je vous aider à clarifier certaines préoccupations ?"

4. Adaptez Votre Langage :

Se synchroniser avec le client nécessite également la capacité d'adapter votre langage. Utilisez le vocabulaire et le style de communication qui résonnent le mieux avec le client, en évitant l'utilisation de termes techniques ou excessivement formels si cela ne reflète pas sa préférence.

Exemple : Si vous traitez avec un client qui montre une approche plus informelle, vous pourriez dire : "J'aimerais mieux comprendre vos besoins et trouver la solution parfaite pour vous. Que pouvons-nous faire ensemble pour rendre ce processus plus facile et satisfaisant pour vous ?"

Exemples Pratiques de Synchronisation avec le Client :

1. Scène 1 : Vente d'Électronique
Un client entre dans un magasin d'électronique et mentionne qu'il est intéressé par un nouvel ordinateur portable pour le travail. Le vendeur pourrait se synchroniser en demandant : "Je comprends que vous cherchez un ordinateur portable pour des raisons professionnelles. Puis-je vous demander quelles sont les spécifications que vous jugez les plus cruciales pour votre travail ?"

2. Scène 2 : Vente de Vêtements
Dans un magasin de vêtements, une cliente cherche une robe pour

Chapitre 4 - Personnalisation du Message, Placer le Client au Centre de l'Attention

Dans l'univers complexe des ventes, la capacité de personnaliser le message est l'une des clés du succès. Le chapitre 4 de notre guide se concentre sur cet aspect fondamental, soulignant l'importance d'éviter les discours génériques et de créer un message sur mesure pour les besoins spécifiques de chaque client.

L'Importance de la Personnalisation du Message :

Imaginez entrer dans un magasin à la recherche d'une paire de chaussures. Un vendeur s'approche et commence à parler des caractéristiques techniques d'une large gamme de chaussures sans même vous demander quel est votre style préféré ou votre taille. Quelle serait la probabilité que vous fassiez un achat dans ce contexte ? La personnalisation du message est la clé pour éviter cette situation et pour créer une expérience d'achat significative.

Lorsqu'un message est personnalisé, le client se sent reconnu, écouté et important. En évitant les discours génériques, le vendeur démontre un engagement réel envers les besoins du client, créant un terrain fertile pour la confiance et la fidélité.

Comment Personnaliser le Message :

1. Collecte d'Informations :
La personnalisation commence par la collecte d'informations. Utilisez des données antérieures, des analyses du comportement du client et des informations recueillies lors de l'interaction pour mieux comprendre les

besoins et les préférences du client.

Exemple : Un vendeur en ligne qui a remarqué qu'un client a principalement acheté des produits de soin de la peau pourrait personnaliser le message en offrant des suggestions sur de nouveaux produits alignés avec leur choix d'achat précédent.

2. Utilisez le Nom du Client :
Une manière simple mais efficace de personnaliser un message est d'utiliser le nom du client. Se référer au client par son nom crée immédiatement un sens de connexion personnelle.

Exemple : "Bonjour [Nom], merci de revenir dans notre magasin. Nous avons remarqué que vous avez apprécié nos offres de produits pour la maison. Puis-je vous aider à trouver quelque chose de spécifique aujourd'hui ?"

3. Adaptez le Langage :
Adaptez le ton et le langage de votre message au client. Si vous traitez avec un client qui préfère une approche plus formelle, utilisez un langage approprié. Si, en revanche, le client se montre plus informel, adaptez votre style de communication en conséquence.

Exemple : "Nous sommes ravis de vous aider à trouver le produit parfait pour vous" vs "Nous sommes ici pour vous assister dans la recherche du produit qui s'adapte le mieux à vos besoins. Comment puis-je vous aider aujourd'hui ?"

4. Reliez le Produit aux Besoins du Client :
Reliez les avantages du produit ou service aux besoins spécifiques du client. Montrez comment ce que vous offrez répond directement à leurs besoins ou résout un problème qu'ils pourraient avoir.

Exemple : "Notre gamme de produits pour la maison est conçue pour rendre votre vie plus confortable et organisée. Vous avez mentionné que vous cherchiez des solutions pour optimiser l'espace. Nous avons quelques produits qui pourraient vous intéresser."

Exemples Pratiques de Personnalisation du Message :

1. Scène 1 : Vente de Vêtements en Ligne
Un site de vêtements en ligne, après l'achat d'une veste d'hiver par un client, pourrait envoyer un e-mail personnalisé avec des suggestions sur des accessoires ou d'autres vêtements qui se marient bien avec la veste achetée.

2. Scène 2 : Vente de Produits de Beauté
Un revendeur de produits de beauté qui a remarqué qu'un client achète régulièrement des produits pour les soins capillaires, pourrait suggérer de nouveaux arrivages ou des offres spéciales sur les marques préférées du client à travers des messages personnalisés.

Conclusion :

La personnalisation du message est une stratégie puissante pour construire des relations significatives avec les clients. Lorsqu'un client perçoit que le vendeur investit du temps et de l'énergie pour comprendre ses besoins spécifiques, il

est plus enclin à faire confiance et à continuer à faire des affaires avec ce vendeur. Dans la page suivante, nous explorerons d'autres stratégies pour affiner votre capacité de personnalisation et pour garantir que chaque client se sente véritablement au centre de l'attention.

Chapitre 5 - Empathie et Connectivité, Construire des Relations Basées sur une Compréhension Authentique

L'empathie apparaît comme l'un des outils les plus puissants pour établir des connexions significatives avec les clients. Ici, nous nous consacrons à explorer l'importance de développer l'empathie et la connectivité lors des interactions avec les clients, en mettant en évidence l'utilisation de mots qui démontrent la compréhension et un intérêt authentique.

L'Importance de l'Empathie et de la Connectivité :

Empathie signifie comprendre et partager les sentiments des autres. Lorsqu'elle est appliquée à la vente, l'empathie va au-delà de la simple compréhension des besoins du client ; il s'agit de reconnaître et de répondre de manière authentique aux émotions du client. Construire la connectivité à travers l'empathie crée un lien émotionnel qui va au-delà de la transaction commerciale, contribuant à établir des relations durables et la fidélité du client.

Lorsqu'un client se sent vraiment compris et soutenu, sa confiance dans le vendeur augmente considérablement. L'empathie joue un rôle clé pour rendre cette expérience authentique. Utiliser des mots qui démontrent la compréhension crée non seulement un environnement confortable pour le client, mais montre aussi au client que le vendeur se soucie de son bien-être, allant au-delà de la simple vente d'un produit ou d'un service.

Comment Développer l'Empathie et la Connectivité :

1. Écoute Active :
L'écoute active est la pierre angulaire de l'empathie.

Lorsque le vendeur démontre qu'il écoute attentivement, le client se sent valorisé. Répétez ou reformulez ce que le client dit pour confirmer que vous avez compris et pour montrer que vous êtes attentif.

Exemple : Si un client exprime de la frustration à propos d'un problème, le vendeur pourrait répondre avec empathie : "Je peux imaginer combien cela doit être frustrant. Je le serais aussi si j'étais dans votre situation. Comment puis-je vous aider à résoudre ce problème ?"

2. Utilisez des Phrases Empathiques :

L'utilisation de phrases explicitement empathiques est cruciale. Des mots comme "Je comprends comment vous vous sentez" ou "Je suis désolé que vous traversiez cette situation" montrent au client que le vendeur comprend non seulement ses émotions, mais se soucie sincèrement de son bien-être.

Exemple : Si un client raconte une expérience négative avec un produit, le vendeur pourrait répondre avec empathie : "Je suis désolé d'entendre que vous avez eu cette expérience. Je comprends combien cela peut être frustrant. Je veux trouver une solution qui vous rende satisfait."

3. Partagez des Expériences Similaires :

Si c'est approprié, partager des expériences personnelles similaires peut renforcer l'empathie. Cependant, il est important de le faire avec tact et sans voler la vedette au client. Cela crée un sentiment de connexion et montre que le vendeur est humain, pas seulement un professionnel des ventes.

Exemple : Si un client parle d'un défi familial, le vendeur pourrait répondre : "J'ai aussi traversé une situation similaire. Je sais combien cela peut être difficile. Que puis-je faire pour vous aider à surmonter ce défi ?"

4. Exprimez-vous avec Authenticité :

L'empathie authentique ne peut pas être simulée. Il est essentiel que le vendeur exprime sincèrement la préoccupation et la compréhension. Les mots doivent être soutenus par l'authenticité et une véritable empathie.

Exemple : Si un client exprime des inquiétudes concernant un problème personnel, le vendeur pourrait dire : "Je suis désolé que vous traversiez ce moment difficile. Je tiens à vous assurer que je suis ici pour vous soutenir de toutes les manières possibles."

Exemples Pratiques d'Empathie et de Connectivité :

1. Scène 1 : Vente de Support Technique :

Un client appelle le service client pour résoudre un problème technique. Le représentant pourrait répondre avec empathie : "Je suis désolé que vous rencontriez ce problème. Je comprends combien cela peut être frustrant. Nous allons travailler ensemble pour le résoudre."

2. Scène 2 : Vente de Produits de Luxe :

Un client visite un magasin de produits de luxe et mentionne se sentir submergé par les options. Le vendeur pourrait répondre avec empathie : "Je comprends comment la vaste gamme d'options peut être un peu écrasante. Je veux rendre cette expérience d'achat aussi agréable que possible. Y a-t-il quelque chose de spécifique que vous cherchez aujourd'hui ?"

Conclusion :

L'empathie et la connectivité sont les clés pour construire des relations significatives dans le monde des ventes.

Lorsqu'un client perçoit que le vendeur est authentiquement intéressé à son bien-être et comprend ses émotions, la connexion se renforce, donnant au client un sentiment de confiance.

Chapitre 6 - Mots Persuasifs, Guide à l'Art de la Persuasion dans les Messages de Vente

Dans ce chapitre, nous plongeons dans le monde fascinant des mots persuasifs, en explorant l'usage de termes comme "exclusif", "limité" et "bénéfice immédiat". Ces mots non seulement captent l'attention du client mais créent aussi un sentiment d'urgence, augmentant l'attrait de l'offre. Nous découvrirons l'importance de ces mots dans le contexte des ventes et comment personnaliser le message pour le rendre authentiquement persuasif.

L'Importance des Mots Persuasifs :

Les mots ont le pouvoir de susciter des émotions, de créer le désir et de stimuler l'action. Dans les ventes, l'usage de mots persuasifs est l'un des éléments principaux pour pousser le client au-delà de la simple considération et l'inciter à agir. Ces mots ne communiquent pas seulement les avantages du produit ou service, mais créent aussi un sentiment d'urgence, suggérant au client que l'opportunité pourrait être limitée ou exclusive.

L'art de la persuasion ne consiste pas seulement à convaincre le client d'acheter, mais aussi à le faire de manière à ce qu'il se sente heureux et satisfait de sa décision. Les mots persuasifs sont comme de petits sortilèges qui canalise le pouvoir des émotions du client dans la direction souhaitée.

Comment Utiliser des Mots Persuasifs :

1. Exclusivité :
Le mot "exclusif" évoque un sentiment d'unicité et de privilège. Son utilisation crée l'idée que l'offre est réservée à un groupe sélectionné, faisant sentir le client spécial et

faisant partie de quelque chose d'unique.

Exemple : "Nous avons préparé une offre exclusive uniquement pour nos clients les plus fidèles. Voulez-vous être l'un des premiers à bénéficier de cette opportunité ?"

2. Limitation :

L'idée de limitation crée un sentiment d'urgence et de rareté, poussant le client à agir rapidement pour ne pas perdre l'opportunité. Des mots comme "limité" ou "quantité limitée" activent le désir d'acquérir quelque chose de précieux qui pourrait bientôt ne plus être disponible.

Exemple : "Nous offrons une remise spéciale sur ce produit, mais l'offre est limitée. Seulement pour les 50 premiers acheteurs. Ne manquez pas cette opportunité !"

3. Bénéfice Immédiat :

Mettre en avant les bénéfices immédiats du produit ou service capte l'attention du client, offrant un incitatif tangible pour l'achat. Des mots comme "bénéfice immédiat" communiquent que le client n'aura pas à attendre longtemps pour profiter des avantages de l'offre.

Exemple : "Ce logiciel améliorera non seulement votre productivité, mais vous commencerez à remarquer les bénéfices immédiatement dès le premier jour. Ne manquez pas l'opportunité de transformer votre activité dès aujourd'hui !"

4. Expérience Unique :

Le mot "unique" souligne l'extraordinarité de l'offre, jouant sur le désir du client de vivre quelque chose de spécial et d'irrépétable.

Exemple : "Nous avons créé une expérience unique que

vous ne trouverez nulle part ailleurs. Chaque détail a été soigné pour vous offrir quelque chose d'extraordinaire. Nous vous invitons à faire partie de cette expérience exclusive."

5. Garantie de Satisfaction :

La sécurité est une partie essentielle du processus décisionnel du client. Des mots comme "garantie de satisfaction" créent la confiance, rassurant le client que l'achat est sans risque.

Exemple : "Nous offrons une garantie de satisfaction totale. Si vous n'êtes pas heureux de votre achat dans les 30 jours, nous vous rembourserons le montant total. Votre satisfaction est notre priorité absolue."

Exemples Pratiques de Mots Persuasifs :

1. Scène 1 : Vente d'Abonnements en Ligne :
"Ceci est une opportunité exclusive pour nos abonnés premium. Vous aurez accès à des contenus exclusifs, des offres spéciales et des aperçus de nouveaux produits. Devenez un membre premium dès aujourd'hui et vivez une expérience d'achat totalement nouvelle !"

2. Scène 2 : Vente de Produits de Beauté :

"Notre ensemble de produits de beauté est disponible en quantité limitée. Seuls les 100 premiers clients auront l'opportunité de recevoir un cadeau exclusif avec leur achat. Ne manquez pas cette chance de transformer votre routine de beauté avec des produits de haute qualité."

Conclusion :

Les mots persuasifs sont la clé pour stimuler l'action et créer un sentiment d'urgence chez les clients. Lorsqu'ils sont utilisés avec soin et authenticité, ces mots peuvent transformer un message de vente en une opportunité irrésistible. Dans la page suivante, nous explorerons d'autres stratégies pour perfectionner l'art des mots persuasifs et guider les clients vers des décisions d'achat satisfaisantes.

Chapitre 7 - Gestion des Objections, Naviguer les Résistances avec des Mots de Confiance et de Compétence

La gestion des objections est un art crucial dans les ventes. Dans le Chapitre 7 de notre guide, nous explorerons l'importance de gérer les objections avec habileté et en utilisant des mots qui transmettent confiance et compétence. Nous éviterons l'usage de mots défensifs et nous concentrerons plutôt sur des phrases rassurantes comme "je comprends vos préoccupations" et "je peux vous assurer que", créant un lien émotionnel avec le client.

L'Importance de la Gestion des Objections :

Les objections sont inévitables dans le processus de vente. Elles peuvent découler de préoccupations légitimes du client, de malentendus ou de résistances émotionnelles. En tant que vendeur, votre capacité à gérer ces objections peut faire la différence entre une transaction réussie et une perdue. La gestion des objections ne concerne pas seulement la résolution du problème, mais aussi le renforcement de la confiance du client dans le processus et dans votre compétence.

Lorsqu'un client exprime une objection, c'est un signe qu'il prend en considération l'offre mais a des préoccupations. Aborder ces objections avec empathie et des mots qui transmettent la confiance peut transformer l'obstacle en une opportunité pour renforcer la relation et guider le client vers une décision positive.

Comment Gérer les Objections avec des Mots de Confiance et de Compétence :

1. Comprendre les Préoccupations du Client :

Avant de répondre, il est essentiel de comprendre pleinement les préoccupations du client. Posez des questions pour obtenir plus de détails et montrez que vous écoutez attentivement.

Exemple : "Je comprends que vous avez des préoccupations concernant le coût du produit. Puis-je vous demander quels aspects spécifiques contribuent à vos préoccupations ?"

2. Éviter les Mots Défensifs :

Évitez les mots ou phrases qui sonnent défensifs ou qui minimisent les préoccupations du client. L'objectif est de créer un dialogue ouvert et respectueux.

Exemple : Évitez - "Je ne comprends pas pourquoi vous pensez que le prix est élevé."
Utilisez plutôt - "Je peux comprendre que le prix puisse être une considération importante. Je veux vous assurer que nous essayons d'offrir la meilleure valeur possible."

3. Rassurer avec Compétence :

Montrez au client que vous avez une connaissance approfondie du produit ou service et de ses caractéristiques. Utilisez des mots qui transmettent la compétence et la confiance.

Exemple : "Je comprends que vous ayez des préoccupations concernant la durabilité du produit. Je peux vous assurer que nous avons effectué des tests de qualité rigoureux et que notre produit est conçu pour résister à une utilisation intensive sur le long terme."

4. Proposer des Solutions et des Alternatives :

Proposez des solutions concrètes qui peuvent atténuer les préoccupations du client. Cela démontre que vous êtes proactif dans la recherche d'une résolution.

Exemple : "Si votre principale préoccupation est la durée de vie de la batterie, nous avons également une version du produit avec une batterie améliorée qui peut durer jusqu'à 30% de plus que le modèle standard."

5. Souligner les Bénéfices :

Réitérez les avantages clés du produit ou service, montrant comment ils surpassent les préoccupations du client. Mettez en évidence comment la valeur offerte dépasse les défis potentiels.

Exemple : "Je comprends que vous pourriez être préoccupé par la complexité de l'utilisation de notre logiciel. Cependant, de nombreux clients ont trouvé que notre interface intuitive et notre support complet rendent l'utilisation du logiciel très simple, assurant une courbe d'apprentissage rapide."

Exemples Pratiques de Gestion des Objections avec des Mots de Confiance et de Compétence :

1. Scène 1 : Vente d'Appareils Électroménagers :
Client : "Je suis préoccupé par la durabilité des composants internes de cet appareil électroménager."
Vendeur : "Je comprends vos préoccupations concernant

la durabilité. Je veux vous assurer que ce modèle a été conçu avec des composants de haute qualité et nous avons une garantie étendue disponible qui peut vous offrir une tranquillité d'esprit supplémentaire."

2. Scène 2 : Vente de Services Financiers :

Client : "J'ai peur de m'engager dans un plan financier à long terme."

Vendeur : "Je peux comprendre que prendre des décisions financières à long terme peut sembler un choix difficile. Je veux partager avec vous les détails de notre plan, en soulignant comment nous pouvons nous adapter à vos besoins évolutifs au fil du temps."

Conclusion :

La gestion des objections nécessite un équilibre délicat entre empathie, compétence et résolution pratique. Utiliser des mots qui transmettent la confiance et la compétence crée un environnement où le client se sent compris et soutenu. Dans la page suivante, nous explorerons d'autres stratégies pour affiner vos compétences en gestion des objections et transformer les résistances en opportunités.

Chapitre 8 - Parler de Manière Claire et Fluide : La Clé du Succès dans la Communication

Dans le Chapitre 8, nous plongerons dans l'aspect fondamental de la communication : la manière dont nous parlons. La capacité de parler de manière claire et fluide, en utilisant le bon ton de voix, est essentielle. Dans cette section, nous explorerons l'importance de cet aspect et fournirons des méthodes pour améliorer vos compétences en communication.

L'Importance de Parler de Manière Claire et Fluide :

La communication est le sang vital des ventes. Lorsque vous vous trouvez face à un client ou que vous conduisez une présentation, la manière dont vous parlez a un impact considérable sur la perception du client et sur votre capacité à transmettre des informations de manière efficace. C'est pourquoi il est fondamental de parler de manière claire et fluide.

1. Communication Efficace : Parler clairement et de manière fluide assure que votre message est compris sans ambiguïté. Les clients doivent avoir une compréhension claire des avantages de vos produits ou services et des solutions que vous proposez pour répondre à leurs besoins.

2. Crédibilité et Confiance : Un discours confus ou peu clair peut éroder la confiance du client dans votre compétence. En revanche, un discours clair démontre professionnalisme et assurance.

3. Engagement du Client : Une communication fluide est engageante. Elle vous permet de capturer et de maintenir l'attention du client tout au long de la conversation. Un client engagé est plus enclin à poser des questions, à écouter vos propositions et, en fin de compte, à prendre des décisions d'achat.

4. Création de Connexions : La façon dont vous parlez peut affecter la connexion émotionnelle avec le client. Un ton de voix chaleureux, amical et compréhensif peut aider à construire une relation plus forte et durable.

Méthodes pour Améliorer la Clarté et la Fluidité du Discours :

1. Pratique Constante : Comme pour toute compétence, la pratique est essentielle. Trouvez des opportunités pour vous exercer à parler de manière claire et fluide. Vous pouvez le faire seul, en lisant à haute voix, ou en impliquant un ami ou un collègue dans vos exercices.

2. Faites des Pauses et Respirez : Un discours trop rapide peut être difficile à suivre. Apprenez à faire des pauses et à respirer régulièrement pendant la conversation. Cela vous aidera à ralentir et à communiquer plus clairement.

3. Évitez les Termes Trop Techniques : Si vous vendez un produit ou un service qui pourrait comporter des termes techniques, assurez-vous de les expliquer clairement au client. Évitez l'utilisation excessive de termes techniques sans explication.

4. Utilisez un Ton de Voix Approprié : Adaptez votre ton de voix au contexte et au client. Par exemple, lorsque vous essayez de créer un rapport, utilisez un ton chaleureux et amical. Lorsque vous fournissez des informations techniques, utilisez un ton plus professionnel et assuré.

5. Évitez les Remplissages et Interruptions : L'utilisation excessive de mots comme "euh", "c'est-à-dire", ou de longues pauses peut interrompre le flux de la communication. Essayez de minimiser ces remplissages et travaillez sur la fluidité de votre discours.

6. Écoutez-vous : Enregistrez-vous en parlant et écoutez les enregistrements. Cela vous aidera à identifier les domaines à améliorer, tels que la prononciation ou la clarté.

7. Soyez Conscient de Votre Public : Adaptez votre discours à votre public. Considérez le niveau de connaissance et l'intérêt du client et modifiez votre langage en conséquence.

8. Pratiquez la Communication Non Verbale : En plus des mots, la communication non verbale est essentielle. Maintenez une posture corporelle ouverte et assurée, établissez un contact visuel et utilisez des gestes appropriés pour souligner les points clés.

Exemples Pratiques :

1. Présentation d'un Produit Technique : Si vous présentez un produit technique à un client, essayez d'expliquer les concepts clés de

manière claire, en utilisant des exemples concrets. Par exemple, au lieu de dire "Ce dispositif a une CPU dual-core", vous pourriez dire "Ce dispositif possède un processeur puissant qui vous permet de faire fonctionner plusieurs applications sans problème, sans interruption et rapidement."

2. Créer une Connexion avec un Nouveau Client : Lorsque vous vous présentez à un nouveau client, essayez d'utiliser un ton cordial et amical. Vous pourriez dire, "Je suis ravi de vous aider à trouver la meilleure solution pour vos besoins. Je comprends l'importance de prendre des décisions éclairées."

Conclusion :

Parler de manière claire et fluide, en utilisant le ton de voix approprié, est une compétence essentielle pour réussir dans les ventes. Non seulement cela améliore votre capacité à communiquer efficacement avec les clients, mais cela contribue également à construire la confiance, l'engagement et les connexions émotionnelles. En utilisant les méthodes et les exemples pratiques fournis dans ce chapitre, vous pouvez améliorer vos compétences en communication et devenir un vendeur plus efficace. Rappelez-vous que la pratique constante est la clé du succès, alors continuez à vous exercer et à perfectionner votre manière de parler.

Chapitre 9 - Langage Corporel du Vendeur

La Communication Non Verbale qui Fait la Différence

La communication non verbale, en particulier le langage corporel du vendeur, joue un rôle majeur dans l'établissement de relations avec les clients, l'influence des perceptions et le succès des négociations. Dans le Chapitre 9 de ce guide, nous explorerons l'importance du langage corporel du vendeur, en fournissant des méthodes pour améliorer votre posture et votre communication non verbale.

L'Importance du Langage Corporel du Vendeur :

Le langage corporel est une forme de communication qui transmet souvent plus d'informations que nous ne le réalisons. Son importance dans les ventes réside dans le fait qu'il peut renforcer ou saper le message verbal que vous essayez de transmettre. Voici pourquoi il est essentiel de comprendre et de contrôler votre langage corporel :

1. Création de Confiance : Un langage corporel sûr et ouvert contribue à créer de la confiance avec le client. Une posture droite et le maintien du contact visuel transmettent la confiance et la compétence.

2. Engagement du Client : Le langage corporel peut être un outil puissant pour engager le client. Gérer vos mains de manière expressive et utiliser des gestes pour souligner les points clés peut maintenir l'attention et rendre la conversation plus engageante.

3. Communication d'Intérêt : Votre langage corporel peut communiquer votre intérêt authentique pour le client et ses besoins. Un sourire sincère, l'inclinaison du corps vers le client et une écoute active peuvent faire sentir au client qu'il est important et écouté.

4. Gestion des Objections : Votre langage corporel peut vous aider dans la gestion des objections. Une posture ouverte et rassurante peut atténuer les préoccupations du client, tandis qu'une communication non verbale défensive peut aggraver la situation.

Méthodes pour Améliorer le Langage Corporel :

1. Maintenez une Posture Droite : Tenez-vous debout ou asseyez-vous avec le dos droit. Une posture droite communique la confiance et le professionnalisme. Évitez de croiser les bras ou de prendre des positions fermées qui peuvent sembler défensives.

2. Maintenez le Contact Visuel : Le contact visuel est essentiel pour communiquer la confiance et l'intérêt. Regardez le client dans les yeux pendant la conversation, sans le fixer de manière fixe ou intimidante.

3. Gérez vos Gestes : Utilisez les gestes de manière efficace pour souligner vos points clés. Toutefois, évitez un usage excessif des gestes qui peuvent distraire ou sembler nerveux.

4. Soyez Conscient de Votre Expression Faciale : Un sourire sincère est l'un des moyens les plus efficaces de créer une connexion positive avec le client. Gardez une expression ouverte et amicale pendant la conversation.

5. Écoutez Activement : Montrez votre intérêt à travers votre expression faciale et votre langage corporel. Inclinez légèrement votre corps vers le client pour démontrer de l'attention.

6. Évitez les Distractions : Évitez les comportements distrayants comme vérifier votre téléphone ou regarder ailleurs pendant que vous interagissez avec le client. Cela peut donner au client l'impression que vous n'êtes pas engagé dans la conversation.

Conclusion :

Le langage corporel du vendeur est un élément essentiel de la communication et de l'art de la vente. Votre posture, vos gestes et votre expression faciale peuvent faire la différence dans la création de confiance, l'engagement du client et la gestion efficace des objections. Avec une pratique constante et une plus grande conscience de votre langage corporel, vous pouvez améliorer considérablement vos compétences en communication non verbale et augmenter vos chances de succès dans les ventes. Ne sous-estimez jamais le pouvoir de votre langage corporel dans le façonnement des perceptions et des relations positives avec les clients.

Chapitre 10 - Ponctualité et Fiabilité : Le Fondement de la Crédibilité et de la Confiance

Nous explorons deux qualités essentielles pour tout vendeur à succès : la ponctualité et la fiabilité. Ces piliers sont fondamentaux pour construire et maintenir des relations positives avec les clients, créer la confiance et assurer le succès à long terme.

L'Importance de la Ponctualité :

Le client consacre du temps de sa journée pour vous rencontrer en magasin ou au bureau. Il détesterait trouver une porte fermée pendant vos heures d'ouverture.

1. Respect du Temps du Client : La ponctualité montre que vous respectez le temps du client. Si vous avez fixé un rendez-vous ou une réunion, le client s'attend à ce que vous soyez présent et prêt à l'heure convenue.

2. Création d'une Bonne Impression : Être ponctuel crée une première impression positive. Cela montre que vous êtes organisé, fiable et respectueux des attentes du client.

3. Efficacité dans l'Opération : Être ponctuel aide également dans la gestion de votre temps. Si vous suivez un planning précis, vous avez plus de temps à consacrer aux clients et aux négociations.

Exemple de Ponctualité :

Imaginez avoir un rendez-vous avec un client à 10h00 du matin. Vous êtes arrivé quelques minutes à l'avance pour être sûr d'être prêt. Lorsque le client arrive exactement à l'heure convenue, il vous trouve déjà disponible et prêt à l'accueillir.

Cette ponctualité crée une bonne impression et ouvre la porte à une communication efficace dès le début.

L'Importance de la Fiabilité :

La fiabilité est un autre pilier crucial dans les ventes. Il s'agit de tenir les promesses faites aux clients et de respecter les termes convenus. Voici pourquoi la fiabilité est si importante :

1. Construction de la Confiance : La fiabilité est fondamentale pour la construction de la confiance. Les clients doivent savoir qu'ils peuvent compter sur vous pour fournir ce que vous avez promis, au moment promis.

2. Client Satisfait : Lorsque vous êtes fiable, le client est plus enclin à être satisfait de vos services ou produits. Votre capacité à tenir les promesses contribue à garantir une transaction positive.

3. Respect pour le Client : Montrer la fiabilité est un signe de respect envers le client. Cela signifie que vous valorisez sa confiance et que vous avez l'intégrité pour honorer vos engagements.

Exemple de Fiabilité :

Imaginez avoir promis à un client que vous livrerez sa commande dans une semaine. Si vous tenez cette promesse et livrez le produit le jour convenu, le client se sentira respecté et satisfait. Cette fiabilité contribuera à construire une relation de confiance et pourrait mener à d'autres opportunités de vente.

La Combinaison Gagnante : Ponctualité et Fiabilité

La combinaison de la ponctualité et de la fiabilité est ce qui distingue les vendeurs à succès. Ces qualités montrent que vous êtes un professionnel orienté vers le client, qui respecte le temps des autres et qui honore ses engagements. Voici quelques lignes directrices pour maintenir et améliorer votre ponctualité et fiabilité :

1. Planification : Organisez votre journée de manière efficace, en tenant compte des rendez-vous et des engagements pris avec les clients.

2. Communication Claire : Si vous rencontrez un imprévu ou un retard, communiquez-le rapidement au client et proposez des solutions alternatives.

3. Agissez avec Intégrité : Soyez un homme de parole. Respectez les promesses faites aux clients et tenez les accords.

4. Croissance Personnelle : Continuez à améliorer vos compétences en gestion du temps et en planification pour devenir de plus en plus fiable.

Conclusion :

La ponctualité et la fiabilité sont fondamentales pour le succès à long terme dans le domaine des ventes. Ces qualités contribuent à créer une bonne impression, à construire la confiance et à garantir que les clients sont satisfaits de leurs expériences. Rappelez-vous toujours que le respect du temps et l'intégrité dans les promesses sont la base sur laquelle se construit chaque relation réussie avec les clients.

Chapitre 11 - Personnalisez le Produit ou le Service : L'Art de Créer des Expériences Uniques

Découvrons ensemble l'importance de la personnalisation des produits et des services dans le domaine des ventes. La personnalisation est une stratégie gagnante qui permet de répondre aux besoins spécifiques des clients et de créer des expériences mémorables. Nous examinerons des exemples de personnalisation tant pour les produits que pour les services afin d'obtenir le maximum d'impact.

L'Importance de la Personnalisation :

La personnalisation est le secret pour créer une connexion authentique avec les clients. Que vous vendiez des produits ou des services, la capacité d'adapter ce que vous offrez aux besoins et désirs individuels des clients peut faire la différence entre une transaction et une relation à long terme. Voici pourquoi la personnalisation est essentielle :

1. Satisfaire les Besoins du Client : Chaque client est unique et a des besoins différents. Personnaliser le produit ou le service permet de répondre exactement à ce que le client recherche.

2. Créer des Expériences Mémorables : La personnalisation crée des expériences inoubliables. Lorsqu'un client reçoit un produit ou un service qui a été conçu spécialement pour lui, il se sent spécial et apprécié.

3. Se Différencier de la Concurrence : La personnalisation aide à vous distinguer de la concurrence. Si vous pouvez offrir quelque chose d'unique et sur mesure, les clients seront plus enclins à vous choisir plutôt que vos concurrents.

Exemples de Personnalisation de Produit :

1. Créer un Logo Personnalisé : Si vous vendez un produit qui est déjà en circulation, vous pouvez vous distinguer en personnalisant le produit avec un logo ou une image unique. Par exemple, si vous vendez des vêtements, vous pouvez créer un logo personnalisé à imprimer sur chaque article.

2. Boîte Personnalisée : L'emballage du produit peut faire la différence. Personnalisez la boîte avec le nom du client ou un message spécial. Cette attention aux détails fait sentir le client spécial dès l'ouverture de la boîte.

3. Guide d'Utilisation Personnalisé : Si votre produit nécessite des instructions, créez un guide d'utilisation personnalisé avec le nom du client et des conseils sur la meilleure façon d'utiliser le produit.

4. Images du Produit en Utilisation : Si possible, montrez des images du produit utilisé par des clients satisfaits. Cela aidera le client à s'imaginer en train d'utiliser le produit et à comprendre ses avantages.

Exemples de Personnalisation de Service :

1. Offrir un Accueil Spécial : Lorsque le client entre dans votre bureau ou magasin, assurez-vous de l'accueillir de manière spéciale. Offrez-lui un café ou une boisson, invitez-le à s'asseoir et rendez l'environnement accueillant.

2. Cartes de Visite Uniques : Les cartes de visite sont un moyen efficace de laisser une impression durable. Utilisez des cartes de visite dans des matériaux uniques comme le plastique ou le métal. Ces cartes se distinguent des autres et seront plus probablement conservées et montrées aux amis et à la famille par le client.

Conclusion :

La personnalisation est une clé du succès dans les ventes. Lorsque vous personnalisez vos produits ou services, vous montrez au client que vous vous souciez réellement de répondre à ses besoins et que vous êtes prêt à faire un effort supplémentaire pour cela. Cette attention aux détails peut créer des relations de confiance et fidéliser les clients, menant à une clientèle fidèle et à un succès continu dans le monde des ventes. Ce sont les détails qui font la différence.

Chapitre 12 - L'Importance d'Éviter les Plaisanteries Inappropriées dans les Ventes

Abordons ensemble le sujet des plaisanteries inappropriées, notamment celles à caractère sexuel et celles qui pourraient toucher le client de manière personnelle. Ce chapitre met en lumière comment une gestion attentive des mots et du comportement est fondamentale pour construire des relations positives et maintenir un environnement respectueux dans les ventes.

Pourquoi Éviter les Plaisanteries Inappropriées est Essentiel :

1. Création d'un Environnement Respectueux : Dans tout contexte professionnel, il est essentiel de maintenir un environnement de travail respectueux. Les plaisanteries inappropriées peuvent créer des tensions et des comportements inappropriés, rendant difficile la création de relations de confiance.

2. Risque d'Offenser le Client : Les plaisanteries à caractère sexuel ou offensantes peuvent facilement offenser le client. Offrir une expérience de vente positive signifie éviter des commentaires ou des comportements qui pourraient rendre le client mal à l'aise ou méprisé.

3. Préserver Votre Réputation : En tant que vendeur, votre réputation est l'une de vos ressources les plus précieuses. Les plaisanteries inappropriées peuvent gravement nuire à votre image et compromettre votre crédibilité.

Exemples de Plaisanteries Inappropriées à Éviter :

1. Plaisanteries à Caractère Sexuel : Évitez tout
commentaire à caractère sexuel, y compris les
plaisanteries ou allusions. Même si vous pensez que cela
pourrait être accepté comme une blague, il vaut mieux ne
pas prendre de risques.

2. **Plaisanteries sur les Clients :** Évitez de faire des
plaisanteries concernant d'autres clients, comme des
commentaires sur leur apparence physique, leur âge ou leur
ethnie. Ce type de plaisanteries peut être extrêmement
offensant, et le client pensera que vous pourriez faire de
même en son absence.

3. **Plaisanteries Politiques ou Religieuses :** Évitez de vous
engager dans des discussions politiques ou religieuses avec
le client. Les opinions politiques et religieuses sont souvent
personnelles et peuvent facilement dégénérer en
polémiques.

4. **Plaisanteries sur la Situation Personnelle du Client :**
Évitez de faire des commentaires ou des plaisanteries sur la
situation personnelle du client, comme son état civil, sa
situation financière ou sa famille.

Comment Maintenir un Ton Professionnel :

1. **Concentrez-vous sur le Client :** Mettez toujours le client
au centre de votre attention. Écoutez ses besoins, respectez
sa vie privée et posez des questions appropriées pour mieux
comprendre sa situation.

2. **Soyez Conscient des Différences Culturelles :** Les
plaisanteries inappropriées peuvent varier d'une culture à
l'autre. Lorsque vous travaillez avec des clients de différentes

cultures, essayez d'être sensible à leurs sensibilités et coutumes.

3. Planifiez Votre Communication : Avant de rencontrer un client, planifiez votre communication afin qu'elle soit professionnelle et respectueuse. Évitez d'improviser des commentaires qui pourraient s'avérer inappropriés.

4. Maintenez un Ton de Voix Approprié : Le ton de voix et le langage corporel peuvent transmettre votre respect et votre professionnalisme. Gardez un ton de voix calme et professionnel lors de l'interaction avec le client.

Conclusion :

En conclusion, éviter les plaisanteries inappropriées est essentiel pour maintenir un environnement professionnel et respectueux dans les ventes. Les plaisanteries à caractère sexuel ou offensantes peuvent facilement nuire à votre réputation et endommager les relations avec les clients. En maintenant une approche respectueuse et attentive à la communication, vous pouvez contribuer à construire des relations solides et durables avec votre clientèle.

Chapitre 13 - Apparence Soinée, Tenue Vestimentaire Appropriée et Accessoires :

Votre Présentation Personnelle

Une apparence soignée, une tenue vestimentaire appropriée et des accessoires dans votre présentation personnelle font une grande différence dans une conversation. Votre image personnelle est un composant fondamental du succès dans les ventes, car elle crée une première impression durable et communique le professionnalisme. Nous examinerons des exemples de la façon dont vous pouvez prendre soin de votre apparence physique et choisir des vêtements et des accessoires appropriés pour impressionner vos clients.

L'Importance de l'Apparence Soinée :

Prendre soin de son apparence physique est le point de départ pour une présentation personnelle efficace. Une apparence soignée transmet l'attention aux détails et reflète votre engagement pour une présentation professionnelle. Voici pourquoi l'apparence soignée est importante :

1. Première Impression : La première impression compte beaucoup dans les ventes. Lorsque vous vous présentez avec une apparence soignée, vous créez une impression positive dès le début.

2. Confiance : Prendre soin de votre apparence physique transmet de la confiance. Cela est particulièrement important car les clients sont plus enclins à faire confiance à quelqu'un qui semble confiant et compétent.

3. Professionnalisme : Votre image personnelle communique votre niveau de professionnalisme. Une apparence soignée est un signe de respect pour le client et pour vous-même.

Exemples de Soin de l'Apparence :

1. Coupe de Cheveux et Barbe : Maintenez une coupe de cheveux propre et soignée. Si vous avez une barbe, assurez-vous qu'elle soit bien entretenue et ordonnée. Visitez régulièrement un coiffeur ou un barbier.

2. Hygiène Personnelle : L'hygiène personnelle est fondamentale. Assurez-vous de vous laver régulièrement, de maintenir une bonne hygiène dentaire et d'utiliser des parfums de manière modérée.

L'Importance de la Tenue Vestimentaire Appropriée :

La tenue vestimentaire est un aspect crucial de votre présentation personnelle. La tenue appropriée communique votre respect pour le client et le contexte professionnel dans lequel vous vous trouvez. Voici pourquoi la tenue appropriée est importante :

1. Représente Votre Entreprise : La tenue appropriée représente également l'entreprise pour laquelle vous travaillez. Il est important de respecter le code vestimentaire de l'entreprise et de transmettre une image cohérente.

2. Confort et Adaptation : La tenue appropriée doit être confortable et adaptée à l'occasion. Assurez-vous que vos vêtements vous rendent confiant et à l'aise.

Exemples de Tenue Appropriée :

1. Tenue Professionnelle : Si vous travaillez dans un environnement formel, comme une entreprise financière, une tenue professionnelle comme le costume est essentielle. Pour les secteurs moins formels, comme le marketing ou la technologie, une tenue d'affaires décontractée peut être plus appropriée.

2. Tenue Propre et Repassée : Assurez-vous que vos vêtements soient toujours propres et repassés. Une tenue froissée ou sale peut transmettre une image de négligence.

L'Importance des Accessoires :

Les accessoires peuvent faire la différence dans votre présentation personnelle. Un accessoire bien choisi peut ajouter une touche de personnalité et de style à votre tenue. Voici pourquoi les accessoires sont importants :

1. Personnalité et Style : Les accessoires comme la montre, la cravate, le sac ou les chaussures peuvent refléter votre personnalité et votre style. Choisissez des accessoires qui vous rendent confiant et à l'aise.

2. Élégance et Professionnalisme : Les accessoires peuvent également contribuer à améliorer votre élégance et votre professionnalisme. Une montre de qualité, par exemple, peut transmettre un sens de la classe et de l'attention aux détails.

Conclusion :

En conclusion, une apparence soignée, une tenue appropriée et des accessoires sont des éléments fondamentaux de votre présentation personnelle dans les ventes. Ces détails communiquent le professionnalisme, le respect pour le client et l'attention aux détails. Prenez soin de votre image personnelle et assurez-vous d'être toujours bien préparé lorsque vous rencontrez des clients.

Fin

Nous arrivons à la fin de ce voyage. Je m'adresse à toi, cher lecteur, avec gratitude pour avoir consacré ton temps et ton attention à ces pages. J'espère que tu as trouvé dans ce livre des informations précieuses, des conseils pratiques et de l'inspiration pour améliorer tes compétences de vente.

Souviens-toi que la vente est bien plus qu'une transaction commerciale ; c'est la construction de relations durables et la création d'expériences significatives pour les clients. Que tu sois un vendeur expérimenté ou que tu commences ton parcours, il y a toujours de la place pour l'amélioration et l'apprentissage continu.

Je te souhaite sincèrement de pouvoir mettre en pratique ce que tu as appris dans ces pages et d'atteindre le succès que tu mérites dans le monde des ventes. N'oublie jamais l'importance de la confiance, du professionnalisme et de l'empathie dans la construction de relations réussies avec tes clients.

Merci encore d'avoir choisi de lire ce livre. Je te souhaite tout le succès dans ta carrière de vendeur et j'espère sincèrement te rencontrer à nouveau dans le futur, dans les prochains livres.

Bonne continuation et à bientôt !

www.ingramcontent.com/pod-product-compliance
Lightning Source LLC
Chambersburg PA
CBHW071757200326
41520CB00013BA/3294